家裁のデタラメ

森めぐみ

はじめに

あなたは「家庭裁判所（家裁）」を知っていますか？

たぶん聞いたことくらいはあるのではないでしょうか。

「離婚で使うんでしょ？」と知っている人もいるかもしれません。

ただ、そこで何が起こっているのか？

実際使われた方も自分のケースはわかっても、他の人がどのような体験をしているかはわからないはずです。

――え？　裁判所って傍聴できるから他の人がどんな裁判をしているかわかるん

じゃないの？

裁判は傍聴ができますが、家裁の調停は事情が違い、原則として訴訟の前に調停という話し合いをするように決められています。これを「調停前置主義」というのですが、その調停は傍聴ができません。

理由は、話される内容がプライベートな話が多く（夫が浮気したとか、妻がショッピングでたくさんお金を使ったとか）、他人には聞かせにくい内容が多いからです。

だから、「調停」で何が起こっているかがわかりません。ブラックボックスなんです。

さて、本書のエピソードは、子どもと会えなくなった親（別居親）たちから教えてもらった家庭裁判所で本当にあった話です。ほとんどがお父さんです。

ただ、個人情報がわかってその人が特定されると困るので、あくまでも匿名です。

信じるも信じないもあなた次第です。

でも、信じてくれるのであれば、これを読むとあなたは「家裁はデタラメだ！」と驚くはずです。

「家裁のデタラメ」がたくさんの人に伝えられ、私にエピソードを教えてくれたお父さんたちのような悲劇をあなたが体験せずにすむことを祈ります。


特定非営利活動法人アートで社会問題を解決する会キミト　森めぐみ

もくじ

「家裁のデタラメ」
エピソード59

Episode 1

調停委員※が言いました。
「なぜ、お子さんに会いたいのですか？」

Episode 2

女性の裁判官に
「子どもに会いたいなら
奥さんに土下座してお願いしたら？
お願い！　お願い！　って」
と言われました…

Episode 3

娘が連れ去りされて、私は一度も娘に直接会えていませんし、連絡もつきません。家裁で「生きているかどうかすらわからない」と言うと、裁判官に「死んだらニュースになる。今はニュースになってないから死んでない」と真顔で言われました。

Episode 4

裁判官
「どれだけあなたが頑張ろうが、相手が駄目って言ってるんだから無理よー。どっちが親権者として向いているかじゃないんだから」

何を基準に決めているんだろう？

Episode 5

私
「どっちが親に向いているかを判断されに来ています。今日相手が来ないことも、きちんと加味してください」

裁判官
「奥さん、仕事で来れないんじゃなあーい？」

同居親が来れないとコレで
別居親が来れないと不利にされます

Episode 6

家裁の裁判官が言いました。

「調査報告書によれば、ＤＶも虐待もありませんでした。

しかし、あちらが連れ戻しが恐いというので、まずはZoomで信頼関係を築いてからでいかがでしょうか」

私（連れ去ったのはあちらなのに！）

Episode 7

裁判所を経由すると、満足に子供に会えなくても毎月ビックリするくらいお金を強制的に元嫁に搾取されます。

私の場合、月に数十万円を8年以上払っているので、もう1200万は取られたでしょうか？

不貞行為もDV行為もないのに、元嫁にでっち上げられて子供もある日突然持っていかれたんですよ。

Episode 8

面会交流調停で、調停委員から
「弁護士を立てている女性のほうが有利なのは当たり前だ」
「あなたの元妻が理由なく面会交流をドタキャンしたり、約束を無視したり、面会交流中に嫌がらせを行ったことなどは一旦すべて忘れろ」
と言われた。

Episode 9

離婚調停↓不調↓訴訟↓調停から審判に移行
裁判官が相手方に譲歩するよう和解案を提示してきたので、戸惑っていると
「あちらは長い紛争が終わると思って来ているんです！」
と責められました。
こちらだってうんざりです！

Episode10

調停委員「子供と会ったら何をしたいですか？」

私「もう2ヶ月会っていないですし、3歳なので抱きしめてあげたいです」

調停委員「そういうのじゃなくてね…」

どういうの望んでたの？

Episode 11

調停初回期日での会話
調停委員「あなたどこまで妻に譲ることができるの？」
私「譲るも何も、僕の言うこと何にも聞いてくれてないじゃないですか」
調停委員「そんなものは不要。調停は交渉だもの」
私「相手は何と？」
調停委員「何も譲らないって」
私「私も譲れませんよ」
調停委員「お子さんに会えませんよ」

最後は脅す？

Episode 12

面会交流調停終了。

何回目だろう。どうして自分の子供に会いたいだけなのに何度も調停を重ねなければならないのか。

お互いに主張を繰り返し、その間に子供と会えない時間がただただ過ぎて、子供は成長していく。

自分の子どもに会うのに面会交流調停を申し立てる年間の件数は約1万2千件
※令和5年 司法統計年報「子の監護者の指定その他の処分うち面会交流」 新規受け入れ件数 12，577件

Episode 13

調停委員に
「奥さんに土下座して謝ってみれば？」
って笑いながら言われた。

Episode 14

子供の写真を送ってもらうことから親子交流を始めてみたら？　と提案されて「そんなのは交流でも何でもない」と私は拒否。

「まだ決まった訳ではないですから、相手の意向も確認してみます」と出ていって、戻って来た一言目が「それでは月一回写真を送ることから交流を始めます」

家裁では面会でも交流でもないのに〝間接交流〟と呼び「面会交流／親子交流」として扱います

Episode 15

今は別居中の婚姻中なので婚姻費用※（婚費）が請求される。でも、離婚すれば養育費に切り替わるので婚費よりも請求額が少なくなるからと調停委員は私に離婚を暗にすすめてくる。

この、婚姻費用がなぜそんなにこちらに不利なのかというと、家裁では「婚姻費用の算定表」というのがあってそれに基づいて計算されるが、このとき、妻からリクエストされた住宅のローンも、妻との共同の借金も、妻が

Episode 15

私の通帳から貯蓄持ち逃げした分も考慮されることはなく、あくまでも年収がベースで負債は引かれないんです。

同じような目に遭っている私の友人も婚姻費用で経済的にかなり厳しい状況です。外科医ですよ？　彼。

それが家裁の基準です。ホント、この国どうかしてますよ！

Episode 16

調停序盤で「旦那さんが親権取ることは難しいですよ」と言ってしまう裁判官。調査する前から「なぜ？」と聞いても、「…」答えなし。

協議離婚、裁判離婚の全ての離婚における親権者の男女別割合は妻が圧倒的に多い

（参照）令和２年人口動態統計「親権を行う子をもつ夫妻の親権を行う子の数・親権者（夫―妻）別にみた年次別離婚件数及び百分率」より
２０２０年百分率（子どもあり｜１人）※親権を行う子＝２０歳未満の未婚の子
夫が親権を行う　１３・１％
妻が親権を行う　８６・９％

Episode 17

面会交流調停

半年を経過しても子供達に会える目処すら立たないため、調査官調査※と試行的面会※を希望するも、「時間がかかる」を理由に実施せず。

結果、約一年半も断絶。

家裁のデタラメが酷すぎる。

Episode 18

面会交流の約束を同居親が守らないので、履行勧告※を出してもらったところ、調査官から電話があり「相手方が『履行勧告をもう出さないなら会わせてもいい』と言っていますがどうしますか」と言われ、私が「そんな条件のめるわけないでしょう」と言ったら、「それなら子どもに会えなくてもいいんですね？」と言われた。

Episode 19

調停委員「お子さんを喜ばせるために、まずはご自宅にあるお子さんの玩具を全部送ったらどうですか？」

私「…」

調停委員「お父さんは寂しいでしょうから、使わない玩具を一つ手元に置いて、お子さんと思って可愛がってあげたらどうですか？」

Episode 20

２歳の子どもを連れ去られて、会うことも出来ない。「早く会わせて欲しい、子どもに忘れられてしまう」と言ったら、「忘れられたっていいじゃない。他の人たちは10 年会えてない人もいるんですよ。いつか会えるようになったら、父親として接してあげて」と…

Episode 21

いつかの調停にて。
子供を私と会わせる事に「不安」だと妻。
そう言って1年以上。
私「何が不安なんですか？」
調停委員「それは聞いていないですけど」
聞くべきことを聞いてもらえない。何にも解決にならない。

Episode 22

とにかく同居親側の親子交流をさせない理由が適当なんです！

家裁は、連れ去りをした親側のどう考えても子供目線で考えることのないその意見ばかりを聞いて、こちらの言い分は聞かずに、何ヶ月も何年もノロノロ時間が過ぎるだけ。

Episode 23

現役地方議員でかつ女性調停委員に、

「子どもは女の人が育てるのがいいのよー」

って言われました。

Episode 24

子がパパに会いたいと言う動画を証拠として提出しても調停委員はなぜか取り合ってくれず子どもに会わせようとしません。

挙句の果てに「中学生くらいにならないと裁判所は子の意見を聞かない」とまで言います。

頑なに親子を会わせない理由はなんなんでしょうか？

Episode 25

調停委員に私の陳述書をちゃんと読んでいるのか尋ねた所、バツの悪い顔をして黙ってしまい、「次の調停までには、しっかり読んでおきます」と、これで次の調停まで持ち越しで茶番劇より酷い税金泥棒です。

令和7年度裁判所の概算要求等額は
3，479億円。これは税金なんですよ。

Episode 26

面会交流調停における、離婚弁護士の交流制限テンプレ3点セット

・忙しい
・会わせると連れ戻される恐れで不安
・主張書面で反論され不信感

別居親が何か暴力を振るったわけでもないのに、これを家庭裁判所が認めます。

Episode 27

狭い調停室内で、裁判所側４人（調停委員、調停委員、調査官、初見の職員）対私１人の状況で、子の学資保険を妻に渡すように迫られた。

Episode 28

連れ去り別居直前の子供達と遊ぶ写真を提出し、
「別居前は子供達との関係は良好だった」
と説明したが
調停委員「写真は瞬間を切り取ったものに過ぎない
ので証拠にはなりません」
私「では何なら証拠になりますか?」
との質問には無回答

Episode 29

親なのに、それも婚姻中で「親権者」なのに、なぜ実の子に会うことを家裁で制限されなきゃいけないのだろう？

当たり前のように別で暮らしている。

誰も正しく説明してくれず、全く納得していないがもはや麻痺して受け入れている。

Episode 30

監護者指定※審判、和解をするか即時抗告か悩んでいたら、
裁判官「あと30分で次があるので早く決めてもらえますか！」
大切な息子の未来が決まるのに「次があるから」？

Episode 31

【監護者審判】

私「代理人弁護士を追加したいので、再度期日の開催を要望したい」

裁判官「相手方に聞いて判断する」

～相手方入場～

裁判官「申立人から再度期日開催の要望があった。私は必要ないと思うが、相手方はどうか？」

相手弁護士「裁判官に従います」

裁判官「では開催しません」

別居親の言い分など聞く気なし

Episode 32

娘が私に会いたがる音声や動画を証拠として提出したら
妻「娘は誰にでもそれを言うから父親だからというわけではない」
こんな理由でも裁判所は妻の主張を優先します。
娘に会いたいですし、娘もかわいそうじゃないですか？

Episode 33

【離婚裁判】①

本人尋問（妻が離婚希望）

裁判官「離婚理由にある被告（夫）の極端な言動について、エピソードを教えてください。あなたの離婚を求める理由です」

妻「（首を傾げながら）うーん、ちょっとわかりません」

法廷「（沈黙）」

Episode 33

相手側弁護士「（顔が引きつっている）」
判決「離婚認容」

離婚したい側が離婚の理由を聞かれて「わかりません」でも離婚が認められます。

Episode 34

【離婚裁判】②

本人尋問

自分側弁護士「あなた（妻）は、夫と離婚したい理由に、被告（夫）が一方的にお金を取り上げたと言っているけど、でも夫婦間でそうしようと決めていたなら一方的な取り上げじゃないんじゃないの？」

妻「はい。私が夫に管理してと言いましたから一方的ではなかったです」

Episode 34

法廷「（沈黙）」
妻の弁護士「（顔がこわばる）」
判決「離婚認容」
それでも妻からの離婚が認められる…

Episode 35

【離婚裁判】③

本人尋問

裁判官「被告は原告（妻）に愛情はありますか？」

私「はい、あります」

裁判官「ではなぜ修復しなかった？」

私「弁護士入っているので、直接連絡とれる状況ではなかったので修復しようがなかったです」

判決「夫婦関係は破綻している。離婚認容」

Episode 35

弁護士が法的な強制力もないのに接触を禁止します。

依頼人ならわかるのですが子どもへの接触を親権者に禁止してくることがほとんどです。

もっと深刻なのはエピソード39にあります。

Episode 36

【離婚裁判】④

裁判官「親権についての主張は？」

私「主張書面に記載の通りです。義実家の生活環境は不安があるので、子どもたちの養育は私が行いたいと考えています」

裁判官「（何の説明もなく）はい、親権は母親ね」

話聞いてください!!

Episode 37

【離婚裁判】⑤

調査官調査を実施する時

裁判官「調査官調査は原告および原告の実家、子どもの現在の幼稚園のみ実施する。被告は実施しません。本人ヒアリングも！」

自分側弁護士「結論ありきの調査は不当。その旨を調書に残せ！」

裁判官「嫌です」

パワハラの範疇を超えてます。

Episode 38

試行的面会交流の時に、久しぶりに子どもたちに会えたので音楽の鳴る誕生日カードをプレゼントした。

そうしたらあとで…

裁判官
「ＧＰＳをつける可能性もあるので今後そういうことはやめるように」

音楽の鳴るカードってＧＰＳをつけられるんですか？

Episode 39

ＤＶも虐待も一切なく妻に先に連れ去られ一方的に４年間親子断絶です。

裁判所に「夫は監護してないから母親が親権者に相応しい」からと親権を奪われました。

■家裁は親権者の決定の際に監護実績があるかどうかを考慮しますが、別居親は相手の弁護士から子どもへの連絡も接触も制限され、家裁も面会交流調停をダラダラとするために別居親が子どもに会えず

Episode 39

その結果で監護実績を別居親がつくれないのにこうした結論を出します。

■弁護士は子どもの親権者である別居親に「通知書」などの書面を送り法的強制力もないのに子どもへの接触や連絡を制限します。弊会は弁護士の代理行為の逸脱が著しくはないか問題視しています。皆さんはどう思われますか？

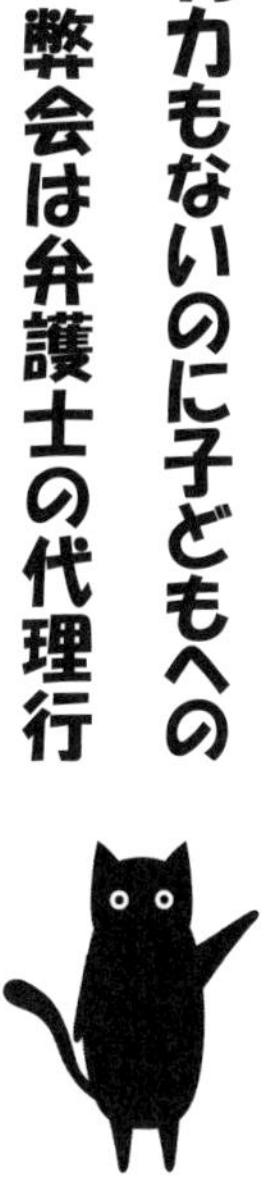

Episode 40

調停委員「妻の不倫と子どもとの面会交流の話は別です！」
俺「はい。私は妻の不倫は咎めません。子どもとの面会はいつできるんですか？」
調停委員「あなたが奥様の不倫を責める限り無理です」
俺「いや、全く責めてませんし、そもそも不倫と面会は別だと言いましたよね？」

Episode 40

調停委員「別です。でも不倫を責めたら高葛藤で会えなくなるのは当然です」
俺「いえ、ですから、責めてなんていませんって！
子どもに面会させてください！」

調査委員の中には自分の思い込みが強く
相手の言い分を聞いてくれないことがあります。

Episode 41

妻側が子供が私を怖がっていると主張してきた。
最初は長女、次に二女、
しまいには「奥さんが怖がってます」と調停委員。
思わず笑ったら、笑っていたのは自分だけだった。
真剣な表情の調停委員に更に笑えた。
言葉が通じない。

Episode 41

「連れ去り」側の常套手段で
「怖い」を主張してきます。
たいした根拠がなくても
「面会交流」をさせない理由として
家裁は認めます。

Episode 42

相手側が消極的だからと調停委員から面会交流の希望を取り下げろ、と命令されました（本当に強い語気の命令口調で）。

調停委員にそんな権限は無いのに…

毅然と「取り下げません」と言ったら無言になり、取り下げは無くなりました。

一体、何を基準にどう判断してのご発言？

Episode 43

私はまだ会えず写真をもらっただけですが、調停委員さんは「交流ができて良かったですね」と言いました。すかさず「こんなものは交流ではありません」と言ったら無言になりました。

「写真を送ってもらえる」や「手紙を書いてもいい」という「面会でも交流でも」ないことを家裁は「面会交流」と呼びます。

Episode 44

私は離婚はしておらず、婚姻中です。妻に子の住所を変えられ、児童手当受給者も勝手に変更させられ、でも、婚姻費用は算定通り支払わせられていますし、相手は私の扶養のままで、2ケ月に一回、面会交流支援事業者に相手分の利用料も負担しながら、走って抱きついてくる我が子に会っています。実の親です。それも親権者です。差別です。

Episode 45

調停委員
「相手方が間接交流なら月に一回送付できると提案してきています、写真が見られますよ。成長見たいでしょう」

Episode 46

ＤＶも虐待もありません。
なのに面会交流の内容は「年に2回娘に手紙を出してもいい」でした。
面会でも交流でもありません。
なのに、婚姻費用は「月74万円支払え」
もう生きていく気力がありません。

Episode 46

この方は高収入な専門職の男性です。こうした高額所得者の男性が専業主婦の妻に連れ去られ「婚姻費用（婚費）」を支払うとなるとこの位の支払額になります。こうした高額所得者の夫から専業主婦が連れ去りをして夫がDVを自分にしていたかのように主張はしますが、離婚は積極的にしようとはしません。婚姻中の「婚姻費用（婚費）」の方が自分の生活費も含むので子どもの費用だけの「養育費」よりもいいからでしょうか。

Episode 47

子供が「パパと会いたい」と言ったオンライン通話時の証拠を裁判所に提出。裁判所は「面会時の証拠を出すことは一般的ではない」と。

じゃあ、いつのだったらいいんですか？

Episode 48

離婚裁判にて
裁判官より離婚に応じるよう和解の提示を受けたが、
私が応じない為、裁判官は、傍聴していた私の父親
を別室に呼び、私に離婚に応じるように話をした。

Episode 49

試行的面会交流で、数年ぶりに我が子に会えたうれしさから涙を流したら「情緒不安定」だとマイナスに評価された。

Episode 50

離婚調停のあと、調停委員が、裁判所内にある別の部屋に私を連れていき、部屋の小窓からその下約5メートル先で妻と一緒に裁判所から帰る息子を覗いてみるよう推奨した。

「面会でも交流でもない」〝小窓面会交流〟…

Episode 51

面会交流時に、こちらから言わせたわけではなく、子どもが「パパの家で月に1回くらいお泊りしたい」と言った録音を調停委員に聞かせたが、調停委員は無視。

Episode 52

宿泊面会について、当初、妻は「私（父親）が子どもの面倒を今まで殆ど見てこなかったから子どもを泊らせることはできない」と言ったがそれは嘘だ。実際は連れ去り2日前は私が仕事を休んで1人で子どもを見ていたし、前日も妻は実家に帰り（恐らく連れ去りの準備をしていた）、私が1人で子どもを見ていた。

Episode 52

また、3ヶ月前にも私が他県にある私の実家に子どもと私だけで帰り宿泊していた事実や妻が友人との飲み会で夜出かけている間に子どもを見ていた事など、私1人で子どもを監護していた証拠となる写真やLINEのやり取りを載せた76枚の資料を調停に提出した。

調査官調査でも子どもが私と宿泊したいとの記載があった。

Episode 52

それでも調停委員達は妻が嫌がっているので宿泊はできないと言った。

Episode 53

調停委員「主張文から申立人と子供を面会させるのは難しいです」

私「誰のどの主張文を元に言っているのかわかりません。教えて下さい」

調停委員「もろもろの主張文です」

私「ですから誰のどの主張文ですか？」

調停委員「主張文から面会は難しいです」

AIのほうが会話ができます

Episode 54

子がパパに会いたいと言う動画を証拠として提出しても調停委員は「相手の同意が必要」「私達に権限はない」としか言いません。
挙句の果てに「中学生くらいにならないと裁判所は子の意見を聞かない」とまで言います。

もうなにがなんでも別居親を否定するのですね

Episode 55

僕が「子どもを私の家（子どもと元々住んでいた）につれて行きたい」とお願いをしたら妻が「子どもが父親と当時一緒に住んでいた事を思い出して精神的に不安定になるといけないからダメ」と言ったのを調停委員はそのまま受け入れた。

子どもは転校させられており、連れ去りが一番子どもを不安定にさせていると思います。

Episode 56

面会交流調停の最後にどうしても月に2回以上子どもと会わせて欲しいとお願いをしていたが、調査官から「2回は絶対にない！」と強く言われた。面会頻度について法律にも書かれていないし、政府の公式見解にもそんなものはないが、家裁内で表に出せないが明確な基準があるんだろうなと思った。

Episode 57

私『子どもの権利条約※ってありますよね？』
調査官『家庭裁判所は子どもの権利条約に沿って運営しています』
……断絶されているし、私と離れたく無い、転校、引っ越し嫌がる子どもの意思を無視して連れ去られているんですが……
家裁に来ると言うことはそう言うことの一点張りで
相手の嘘主張を鵜呑みにした進行…
あたかも私が有責者の様な扱い…

Episode 57

「家裁は証拠主義じゃ無い」と証拠を取り扱ってくれる素振りも無いから私の主張など蚊帳の外…私は妻に手を挙げたことも暴言を吐いたこともありません、むしろ口数は少ないですが仲は良い方だと思っている最中の不倫発覚でした。

妻が有責者です。

Episode 58

2021年8月に出た娘との親子交流審判で、裁判官が「面倒だから同居親の主張通りに合わせとこ」というような、誰がどう読んでも酷すぎる判決文を出してきました。

「子供の写真を月に一回申立人に送付しなければならない」というもので、直接交流は子供の福祉に反する」と(まんま相手誘拐弁護士の主張通り)

子供が父と遊んで喜んでいる動画や写真をたくさん出したのに、全然意味なかったです。

Episode 59

第一回目の調停に向けて一生懸命に書面を作成しました。

調停当日

私「書面読んでいただけましたか？　読んでいただいてどう思われましたか？」

調停委員「読んでいませんよ。我々は別の仕事もしてますから」

私「…」

「家裁のデタラメ」

用語解説とDATE

調停委員　8ページ「エピソード1」他

ここに出てくるのは家庭裁判所に設置された調停委員会のメンバーで、主に家庭内の紛争（離婚、親権、面会交流、養育費、婚姻費用、財産分与など）について、当事者間での話し合いを仲介し解決を助ける役割を担う家庭調停委員のこと。

婚姻費用（婚費）　22ページ「エピソード15」他

夫婦で生活にかかる費用を婚姻費用という。主に食費、光熱費、居住費、医療費、夫婦の子供を育てる為の費用、学費など。家裁では大抵が「算定表」に基づいて額が決められる。例え同居親からリクエストされ購入した家でもまた同居親が使用している車でもローンを抱えた方が別居親の場合その負債分は配慮されることのない算定表である。婚姻費用を狙って子どもを連れ去る事案もあり、別居親が高額所得者で同居親が専業主婦のケースで多い。家裁では同居親は別居親からの精神的DVを主張しつつもしかし離婚を積極的にしない。婚姻費用目当てで連れ去りをされた別居親の経済的に悲惨な状況を「婚費地獄」と別居親界隈では表現される。自殺する別居親も少なくない。

調査官調査　25ページ「エピソード17」他

家庭裁判所の調査官調査は、子どもの福祉を確保するために行われ、子どもの現在の状況や生活環境を把握することを目的としています。調査官は、子どもの意見を聞き、保護者や関係者とも話をすることがあります。

試行（的）面会（交流） 25ページ「エピソード17」他

家庭裁判所の面会交流室において、調査官等の立ち合いのもと実施する親子の交流場面の観察制度のこと。マジックミラー越しに他人に監視されながら親子のあり方を判断される。まるで刑務所か動物実験のようだと批判される家裁の運用の一つ。

履行勧告 26ページ「エピソード18」

家庭裁判所の調停や審判などで決まった金銭の支払や面会交流等の義

務を守らない人に対して、家庭裁判所がその義務を履行するように勧告する手続きのこと。

監護者指定　38ページ「エピソード30」

別居中の夫婦のうち、いずれが子どもを監護するかを指定すること。

子どもの権利条約　74ページ「エピソード57」

子どもの基本的人権を国際的に保障するために定められた条約
エピソードで出てくるのは第9条についてで第9条は子どもが不当にその親から引き離されない権利が示されています。

（外務省ＨＰより）

「第９条父母からの分離についての手続き及び児童が父母との接触を維持する権利」

締約国は、児童がその父母の意思に反してその父母から分離されないことを確保する。ただし、権限のある当局が司法の審査に従うことを条件として適用のある法律及び手続に従いその分離が児童の最善の利益のために必要であると決定する場合は、この限りでない。このような決定は、父母が児童を虐待し若しくは放置する場合又は父母が別居しており児童の居住地を決定しなければならない場合のような特定の場合において必要となることがある。

1　家裁で新規で申し立てられる「面会交流調停」は年間約1万2千件

※令和5年　司法統計年報「子の監者の指定その他の処分　うち面会交流」新規受け入れ件数1万2千577件

2「面会交流調停」の結果で一番多いのは「月1回以上」

※令和5年　司法統計年報「離婚」の調停成立又は調停に代わる審判事件のうち面会交流の取決め有りの件数
―面会交流の回数等別―全家庭裁判所
総数9千359件に対して「月1回以上」3千781件（40.4%）

「DV保護命令」発令数はたいだい1300件程度です

自分の子どもに会うのに
家裁に申し立てないと
いけない件数が
1万件以上？！

実の親子が月1回の交流？！
これって「接触」か
「生存確認」では？
そして通話はできないし…

「家裁のデタラメ」
別居親Sんが体験した試行面会

「別居親Sんが体験した試行面会」

試行面会、親子交流観察調査、交流場面観察とも呼ばれます。

そもそも、そういう制度があることは聞いていたので保育園の園長先生にも事前に相談していた。

もし、裁判所で息子に会える流れができた時は息子に不要な体験、記憶を残したくないので普段過ごしている保育園をお借りできないか、と。

保育園の園長は、快く受け入れてくれ、ぜひ、協力させてくださいと言ってくれた。

試行面会を裁判所ではなく、保育園でやってもらえないか、保育園の園長の許諾もとっている旨を伝えた。

しかし、裁判所からは「保育園では出来ません」とだけ言われた。

実の親子が面会交流するのに、問題ないかどうかを観察するのになぜ息子にとって馴染みのある保育園ではなくて、裁判所ですることになるのか？

5歳の息子の体験としてまったくもって不要。

申し訳ない気持ちになった。

2023年1月　試行面会交流当日。

7ヶ月ぶりに会う息子との絆を見せつけてやりたい、そう思っていました。

ただその日が近づくにつれ、やはり不安ばかり大きくなった。

片親疎外は起きてないのか？

引き離された時間がある。一緒にいない時間が長すぎた。

※「片親疎外」とは、片方の親が子どもに相手の親の悪口を吹き込んだり、子どもが相手の親になつくようなことがないよう心理的に引き離す行為のこと。

2022年10月から始まった月1のテレビ電話10分。

1回目は問題なかった。息子は変わってなかった。

「まだ話し足りない」「あっち行ってて！」と義父に自分の気持ちをきちんと主張していた。

11月末の2回目　すでに何かがおかしかった。

たった、半年もしない間に4歳の息子は、言葉づかいも表情も仕草も変わっていた。おどけ方も照れ方も変わっていた。これが成長なのかもしれない。

その3回のテレビ電話で培った空気感があれば、なんとかなると思っていた。

「父子の絆を見せればいいだけだ」何度もそう言い聞かせていた。

いかなる持ち込みも禁止されている。

それなら身につけて行こうと、Tシャツ、パーカー、靴下、ピンバッジ、ボールペンなど息子の大好きなものをいろいろ身につけていった。

裁判所内の一角にある6畳くらいのプレイルーム。

マジックミラー越しに観察できる狭い通路のような部屋。

プレイルームの様子は3台の固定カメラで録画されている。

プレイルーム内の様子を音声マイクが拾っていて、マジックミラー越しでもやりとりが聞けるようになっている。

調査官の1名は、プレイルーム内に。

もう1名は、マジックミラー越しに。

自分は、自分の弁護士と相手弁護士とともに、まずマジックラー越しの狭い部屋に入る。

「なかなかない機会なので若手の弁護士を経験のために今日は連れてきました」と相手弁護士から説明を受ける。まじで見せ物だと思った。

しばらくすると、息子と妻がプレイルームに入ってくる。

①同居親が15分
②別居親が30分
③同居親が15分

という流れに沿って進行される。

ずっと画面越しでしか会えなかった息子がマジックミラーの向こうにいる。

あと、ちょっとでリアルに会える。触れることができる。抱きしめることができる。

息子は走ってくるだろうか？　抱きついてくるだろうか？

自分なら大丈夫だと何度も言い聞かせてただただ待った。

自分の時間になり、部屋に入る。

開口一番「キミはむかつく顔をしているね」とニヤニヤしながら息子に言われた。

息子は部屋の奥から近づいても来ない。

一瞬でパニくった。

ここからの対応ひとつひとつ全てが観察されていると思うと、残り30分の中でどう対応するのが正解なのかわからなくなった。

悪い言葉を注意するほうがいいのか、本心がわからないから、対応もわからない。

どちらにしろ30分しかない。

どうせなら楽しい記憶だけを残したかった。

一緒にいない時間が長すぎて、息子にとって、これが最近の流行りのセリフなのか、ふざけて言ってるのか、本気で言ってるのか、はじめて言う言葉なのか、なにもわかりませんでした。

さらに、マスク着用が義務付けられていた。

息子が笑っているのか、表情も目でしかわかりません。

4歳の息子の顔の大きさにとって、マスクが占める面積が多すぎます。

親の自分がここまで、息子の意図がわからない。

時間の経過をただただ痛感しました。

とにかく空気を変えねばと、
「そんなこと言ったらパパ悲しい気持ちになるなぁ」
と言いながら抱っこをして、
室内の掛け時計に近づき、指をさしながら
「この針がここまで行くまで一緒に遊べるから」
「何して遊ぼっか？」と聞きました。
抱きかかえたことで、息子も安心したのか
窓から見える電車を見て「今日あれに乗って来たんだ」と会話が続き、
「UNOできるようになったからUNOやりたい」と言った。
それからは、UNOをしたり、プラレールをしたり、そこにあるいろいろなおもちゃで遊んだ。おもちゃを出したり、片付けたり、持ち時間の30分をどのように使うのか、息子とどう接するのか、とにかく詳細にメモを取る調査官。

息子となるべく普通に接しようと何かをするたびに、メモの音が聞こえる。

これがひとつひとつプレッシャーでしかない。

この30分で今後息子と会えるかどうか決まる。

そんなバカな話あるか。

「今度〇〇しようね」など勝手な約束禁止の中、おもちゃ出したり、片付けたり、会話など親子交流の様子をマジックミラー越しに観察される動物園です。

あっという間の30分でした。

同じおもちゃを使った遊び方でも、妻と自分では全然違うことも実感した。
もちろん息子の接し方も違う。
マスクをしているのもあり、自分ですら、息子のことがわからないこともあった。
正直、特殊な環境下で緊張もした。
もし異変があっても調査官は気づかないだろうと思った。
なぜなら同居時の様子を知らない。
何と比較して、判断をするのか。むちゃくちゃすぎる。
そして、その頃と息子は変わっていた。
ただ、それが成長なのかどうなのかもわからないこともあった。
部屋を出た。最高の30分だった。
最後の妻のタームでは、

「このあとトミカ見に行くんでしょ」

「はやく片付けないと、行かないよ」

と言った。

そのセリフはありなのか。

正直、不公平だと思った。

そして、またいつ会えるのか、まったくわからないまま裁判所から帰った。

面会交流でもテレビ電話でも「次はいついつ会えるからね！」と最後に約束できるか、できないか、この違いは子どもにとっても非常に大きな違いだと思う。

父親の自分ですら次、いつ会えるのかわからない状態、こんなにしんどいことはない。

ただ、このマジックミラーでの試行面会を経て調査官調査の報告書には、月2回程度の面会交流を行うべき、との記載があった。

報告書には、妻の面前DVがあった記載もあったが、自分のDVや虐待があったなどの記載は一切なかった。

そして、この一文だけを武器に9ヶ月ぶりにリアルで息子に会えるようになった。

その時、息子は、目が合った瞬間、これまで見たこともないダッシュで遠くから走って来て、そのまま抱きついて来た。

これがリアルなんだ。

あんな試行面会で調査官にわかるはずがない。

なにがわかるというのだ。

試行的面会を裁判所でやったあとに

調査官は、親子交流にも立ち会うべきだと思う。

最初の30分でもいい。いや5分でわかるはずだ。

ほんとの親子の関係性を。親子の絆を。

それぐらいの責任をもってほしい。

それを見た上でも、

「月に1回会えれば充分でしょ。それが普通です」

と果たして言えるのか。

息子と9ヶ月振りに会った時、息子はこう言った。

「あ、前にさ、モノレールで行ってさ、会った時あるじゃん」

「その時さ、パパと遊んだ時に着てた洋服と今日同じじゃん！」

遊んだ記憶になっていてほんとに良かった。

おわりに

２０２２年夏。

「X」（当時はTwitter）のタイムラインに流れてきた女性週刊誌のポストを読むと、ある女性タレントさんが娘を元夫の家に預けたり、面会交流をさせていたら彼女の悪口を吹き込まれたのか娘が彼女を嫌がり戻ってこなくなったという記事で、切なかった。

私は大学時代に日本の自殺を人口動態から俯瞰して原因を探る調査研究をしていたのですが、この記事を読む方に伝えたいと思い、次のような引用ポストをしました。

〝日本は離婚後子どもに会えず孤独で自殺に至るケースがある〟

ポストしてからスマホを置き確か20分くらいだっただろうか経った後、ポストを見ると、驚くほどの「いいね」と「RT」と引用ポストがついていて、コメントには「これは日本が単独親権だからなんです」「この問題に関心を持ってくださってありがとうございます。日本は子どもの連れ去りが横行しているから自殺する別居親が多数います」等、一様にアカウント名やプロフィールに「共同親権」「単独親権は廃止」「実子誘拐撲滅」「子どもの権利を大切にしよう」というったワードを記載したたくさんの人たちが私のポストに向かって叫んでいました。

―この人たちはどういった方たちなんだろう？

彼らのポストの履歴を読んだりしてわかったのは、皆、妻によって無断で子どもを奪取されたり家から閉め出され子どもに会わせてもらえないお父さんたちだとわかりました。彼らの叫びは切実で今にも死んでしまうのではないかと思いました。

その時、私の70代の母からLINEが来て、どうやらこの様子を「X」で見ていたようで、『めぐちゃん、この人たちを助けてあげた方がいいよ』と。

私もちょうど同じことを感じていました。

まずは、詳しい話を彼らに聞いてみようと、取材させてくれと言うと、たくさんの人からDMが来て、その日から私は電話や対面で平均60分、長いと3時間や6時間は時間を掛け一人一人お話を聞きました。

驚きました。

彼らは子煩悩なお父さんたちでしかないのに、警察や学校や園、そして家裁などで信じられない理不尽な扱いを受けていました。警察は妻の言いなりになって昼逃げを手伝い彼らのことは妻子に逃げられた危険な夫かのように邪険にし、学校は彼らが子どもの保護者にも関わらず運動会の行事参加を許さず、場合によっては警察を呼び威嚇します。園は彼らに無断で子どもたちの転園を許しており抗議しても耳を貸しません。家裁は本書の通りです。

日本がこんな国になっていたなんて、私は愕然としました。

そして、母の理解と後押しをもらい、「日本の子どもの連れ去り問題解決」に本気で着手することになります。

まず、子どもたちに彼らの声が届いて親子が会えるきっかけになったらと、『会えない君に届け！　パパママの声』をラジオアプリで配信をし、彼らが社会的に救済されるべき弱者であることがわかるよう『NPOの立ち上げ』（特定非営利活動法人アートで社会問題を解決する会キミト、通称「キミト」）をし、彼らの被害は長く続く日本の単独親権の弊害によるものであり、「共同親権」導入で社会を大きく改革する必要性を説いて回る『国会議員700人全員陳情』を2回（永田町の国会議員事務所を訪問した件数は開始してから2年間で約1300回）、カンパを募り『全国1200自治体へ共同親権関連の情報提供を一斉郵送』をし、『2024年実子誘拐被害調査』を実施し被害者509人からの回答を得て、国会議員会館で議員を招き調査結果に基づき実子誘拐被害は深刻なDVであることを学ぶ『シンポジウム』を開催します。

キミトの活動は国会議員会館で知られるようになり、令和6年2月の国会の予算委員会で「弁護士が介入しDVを偽装して親子を引き離し中には自殺する親もいる深刻な実子連れ去りの被害を知っていますか？」と岸田文雄総理大臣（当時）に質疑し、総理大臣から「そうしたことがあり一部から批判があるとのレポートを読みました」との答弁を引き出して、国会全体にこの問題を周知して下さる国会議員も登場しました。

そして、令和6年春に国会で77年振りの民法改正の審議がスタート、5月17日参議院本会議で「共同親権導入」の民法改正が可決・成立します。

私はこの国会審議を全回傍聴しました。同じ思いで活動をしている2名の弁護士とライターの計3名と一緒に最後までこの目で見届けました。子どもたちのことを大切に思い質疑する国会議員の皆さん、そして法務大臣と民事局局長が答弁するその姿に感動しました。

ある衆議院議員が「子どもと会えないお母さんたちからの手紙を読みます」と代読したとき、「ああ、きっと○○さんたちだ」とわかり（被害者の中にはお母さんもいます）、彼女たちがどんなに必死にこの手紙を議員に託したかがわかり、涙が溢れ国会の傍聴席で嗚咽をこらえることができませんでした。


子どもたちは会えなくなったお父さんとお母さんが、こんなにも子どもたちに会いたいと思っていることを知りません。

よく「森さんは当事者でもないのになぜこの問題の解決にここまで熱心なんですか？」と聞かれます。私の原動力は、連れ去りされた実子誘拐被害者のお父さんとお母さんの子どもたちへの想いです。本書で分かるように彼らは家裁で闘い打ちひしがれ子どもに会えずお金は取られます。しかし懸命に生きて「X」でこの被害を叫び続けています。

本書を手にしてくださった方たちを通して私は子どもたちに次の想いが伝わることを祈ります。

子どもたちへ

突然会えなくなったあなたのお父さんとお母さんは、あなたに会いたくて必死に頑張っているからね。いつか必ず会えるからその日が来るまで待っていてね。

令和6年12月29日

特定非営利活動法人アートで社会問題を解決する会キミト　森めぐみ

特定非営利活動法人アートで社会問題を解決する会キミト

アートを「心を動かすあらゆるもの」とするなら、被害者の悲痛な声も心を動かすアートです。社会問題は人々が「これはひどい！なんとかしないと！」と心を動かされることで本当に解決します。キミトは被害者の声を社会に届けることで社会問題を解決することを目指しています。「キミト」は子どもに会えなくなったあるお父さんがつけてくれました。「息子と離れてはいるけれどいつも君と一緒にいたいよ」の想いを込めて。

＜著者プロフィール＞

１９７３年新潟県生まれ
早稲田大学第一文学部哲学科社会学専修卒業後、大学受験予備校国語科(現古漢文小論)講師を３年、社長秘書を７年勤める。

現在は、日本のフェミニストたちの行き過ぎた思想活動が日本社会を歪ませていないかとの問題意識を持ちながら、「子どもの連れ去り」についてを政治家とともに考え問題解決するために、国会議員や地方議員への陳情活動をしている。
２０２２年8月～２０２４年４月までに面会した国会議員は５０人。約７００人の国会議員の事務所をすべて陳情して回る「国会議員全員陳情」を計2回するなど、精力的に活動している。

家裁のデタラメ

2025年　2月　24日　　初版発行

著者　　　森 めぐみ
発行者　　千葉 慎也
発行所　　合同会社 AmazingAdventure
　（東京本社）　東京都中央区日本橋3－2－14
　　　　　　　　　新槇町ビル別館第一　2階
　（発行所）　　三重県四日市市あかつき台1－2－108
　　　　　　　　電話　050－3575－2199
　　　　　　　　E-mail　info@amazing-adventure.net

発売元　星雲社（共同出版社・流通責任出版社）
　　　　　　　　〒112-0005 東京都文京区水道1-3-30
　　　　　　　　電話　03-3868-3275

印刷・製本　シナノ書籍印刷

ISBN978-4-434-35437-3　　C0036